Made in the USA
Middletown, DE
16 July 2022

69504481R00068